AF498137

LA VIE ET
LEGENDE DE MADA-
ME SAINCTE REIGNE,
Vierge & martyre:

Auec plusieurs Oraisons, la Messe, & vn
Miracle nouuellement faict.

A PARIS,

Chez PIERRE MENIER, demeurant
à la porte sainct Victor, & tient sa
boutique soubz le Portail des
Mathurins.   1602.

Oble Dame de vertu decoree
Noble Vierege de saincteté parfai-
cte,
Noble de mœurs, de grand grace ornee,
Belle sans per, pour exemple pourtraicte
Noble de foy du vray autheur du monde,
Clere & nette, de conscience munde,
Exaucee par grace supernelle
Victorieuse en la vie mortelle,
D'honneur mõdain qui pecheurs à mal tire
Ie te salue en ta saincte Chappelle
Saincte REIGNE glorieuse martyre.

Ie n'ay pas sens, ne parfaicte eloquence
N'entendement qui puisse estre capable
Pour énarrer ta grande magnificence,
Ton haut pouuoir, ton merite louable:
Saincte Dame, si par deuotion
I'escris en brief ta saincte passion
De bon vouloir, non pas par vaine gloire
Et que tous ceux qui en ce lieu viendront
Pour te seruir dedans ce territoire
S'il plaist à Dieu, ta legende ils sçauront.

Premieremét Clement eut nom ton Pere
Qui fut Payen par loy desordonnee,
Pareillement Payenne fut t a Mere
Qui trespassa si tost que tu fus nee.
Incontinent ton Pere par malice

Te fit porter & mettre à nourrisse,
Hors d'Alise en vn village aupres
Pour auoir l'air aux vignes & aux prez,
Et aussi pour ioignant de luy te auoir
Lors commanda te nourrir par expres
Sans espargner l'argent ne son auoir.

    Il faut noter que ton Pere Clement,
Ne sçauoit pas que ta nourrisse fust
Chrestienne: mais cuydoit fermement
Qu'en Iupiter & Mahom elle creust,
Comme pour lors faisoient plusieurs folles
Qui adoroient les diables & les idolles:
Car s'il eust sçeu (il est tout manifeste)
Que ta bonne nourrisse eust esté tant hóne-
Iamais elle n'eust eu l'administration   (ste
De toy: pluftost par tourment ou molefte
L'eust faict du tout mettre à perdition.

    Par ta nourrisse, ainsi qu'il est d'vsage
Menee tu fus, veoir ton Pere Clement,
Mais il estoit si plein de fier courage
Que regarder ne te sçeut nullement:
Il commanda que bien tost on te oftaft
Et que dehors d'Alise on t'emportaft
Où tu estois nourrie & bien apprise,
Au mont d'Auxois est la cité d'Alise,
En la duché de Bourgongne est assise
Pays fertil en l'Euesché d'Antun,

Ta nourrice tres-bonne Chrestienne
Par sa science & par liure escript
Ne te monstra iamais la loy Payenne,
Mais t'enseigna la Foy de Iesus-Christ,
que veut garder chacune creature
De ta nourrice apres ta geniture.
Auec le laict de sa mammelle digne
Fus nourrie de parolle diuine,
Diuinement au temps de ton enfance
que tu gardas, auec bonne doctrine
La parolle de Dieu en grand substance.
    Si ton Pere te haiot & blasmoit,
Il estoit fol plus qu'vn demoniacle,
Mais Iesus-Christ nostre sauueur t'aymoit
qui apprestoit en toy vn habitacle
Tres-fort, puissant, resistant au martyre
Comme il faict à ceux qu'auec luy tire:
De ton aage iustement dés quinze ans
Tu escoutois les prouerbes duysans
A nostre Foy, & disputations
Des benoists Saincts: & les autres nuysans
Tu reiettois de tes intentions.
    En ce temps là regnoit Maximien
Grand Empereur de Rome : & outre-plus
Plusieurs Payens, qu'oncques ne firent bié
et son Preuost maudict Olibrius
Lesquels faisoiét martyrer en maints lieux
Maints Chrestiens: plus pour le nó de Dieu

Par cruauté des tyrans inhumains
Que par celles des Empereurs Romains,
Laquelle chose, ô Reigne glorieuse
Par esperance en Dieu. & en ses Saincts
Tu desirois souffrir mort douloureuse.
    Olibrius grand Preuost de Marseille
Les Chrestiens si fort persecutoit
Qui leur faisoit des douleurs non-pareilles,
De griefs tourmens diuers, les tourmétoit,
Les vns cuydoient par menace submettre
Et les autres par dons & par promesses
Et nepouuoit audict tyran suffire,
Car son vouloir ne pouuoit deconfire,
Mourir en fit par grand crudelité
En grand nombre, qui en Dieu nostre sire
Leurs iours finirent en vraye charité.
    A Marseille ainsi que l'on deuise
Olibrius bien ouy reciter
Qu'il y auoit en le Cité d'Alise
Des Chrestiens, dont se voulut haster,
Incontinent il monta à cheual
Pour y venir: lors te vid à vn val
Belle, plaisante, ayant integrité
D'innocence, par douce humilité,
Habillee de tes simples habits
Representans à la realité
Le sainct Iacob, en gardant tes brebis.
Quand le Preuost, en cheuauchát aux cháps,
A iij

Eut regardé ta parfaicte beauté,
Il commanda à ſes valets meſchans
Pleins de fureur en toute cruauté
Qu'on te menaſt bien toſt parler à luy,
Sans te faire ne trauail ne ennuy
Te promettant pour reſolution
Si franche eſtois de ta condition
Qu'il te prendroit pour ſa femme benigne,
Mais à chaſcun auoit intention
De te faire ſeruante & concubine.

    Prendre te fit par tyrans & bourreaux,
Car de t'auoir eſtoit fort curieux,
Abandonner te fallut les trouppeaux
De ta nourriſſe, & aller auec eux,
O nouuelle chambriere, ô Redempteur,
Quelle angoiſſe auois-tu en ton cœur
En cheminant quand te prins à crier
Gettant ſouſpirs & à Ieſus prier
Que deffenſeur fuſt de ton pucellage,
En te gardant vierge ſans varier
Ton oraiſon tu fis en tel langage.

    O Ieſus-Chriſt, las ne me laiſſe point
Et ne permets mon ame eſtre ſouillee
Mon ſens meuy du diable par faux point
Mon corps polu, ne ma foy maculee
Ta ſapience en brief enuois moy
Laquelle aſſiſte en ſiege aupres de toy
ouure ma bouche pour reſpódre en ceſt eſtre

En seureté & me faict tousiours estre
Sage, forte, constante, sans tremeur
Aux mauuaises questions qu'on veut mettre
Encontre moy, exauce ma clameur.
       Helas, ie suis comme la brebiette
Entre les Loups: comme le Passereau
Entre les lacqs: & comme la Chuette
Entre les rets: & comme est au basteau
Le poisson prins en l'eaue par les pescheurs,
Pareillement entre mains des pecheurs
Ie suis mise: las Roy du Firmament
Secoure moy tost:i'ayme mieux humblemét
Par ces tyrans pleins d'incredulité
Souffrir martyre en peine & en tourment
Que aucunement perdre virginité.
       Ces parolles ont esté rapportees
Et comptees au Preuost proprement:
Olibrius qui les a escoutees
Et notees en son entendement.
Sire, sçachez que n'auons peu auoir,
Puissance en rien pour richesse, ne auoir
Sur cette fille, & y a pis que mieux?
Elle n'adore aucunement nos dieux
A tous propos recommande son ame
A vn seul Dieu, lequel habite aux Cieux
Qu'a son ayde, inuoque & reclame.
       Olibrius commanda à ses gens
Qu'on s'auançast soudain de cheminer

Et que bien toſt ils fuſſent diligens
De t'aller querre, & vers luy te mener,
Sans te faire ne trauail ne ennuy,
Ce que fut faict:quand tu fus deuant luy,
Te regarda par contemplation
Et puis te fit telle petition
De quelle lignee es-tu ma belle fille,
Dequel eſtat, & quelle region,
Cóme as tu nom: reſpons, & de quel ſtille?
    Tu reſpondis, non pas à la vollee,
Mais comme ſage & celle qui entend:
Olibrius, Reignë ſuis appellee
Qui adore le Dieu Omnipotent,
Son fils, auec le benoiſt Sainct Eſprit,
Comme la Loy le nous met par eſcript:
Ie croy auſſi la Saincte Trinité,
Vne vertu, & vne diuinité
En ſubſtance qui eſt inſeparable
Trois perſonnes qui ſont en vnité
En vraye gloire qui eſt ineſtimable.
    Olibrius te diſt, ie t'entends bien,
Tu obtiens donc le nom par ton ſermon
De ce Ieſus qui fut Galiléen?
Tu reſpondis il eſt vray, ce fais mon
Si digne ſuis le inuoquer à Seigneur
Le doux Ieſus noſtre bon enſeigneur
Et qu'il luy plaiſe eſcouter la priere
De ſa petite & humble chambriere
Puiſſance

Puiſſance il a de me bien preſeruer
Contre ceux qui en aucune maniere
Me voudroient empeſcher ou greuer.
    Incontinent à ceux qui t'auoient prinſe
Sans faintiſe commanda le Preuoſt
De te garder, & qu'en priſon fus miſe
En Aliſe, où il alla bien toſt,
Iuſques à tant qu'il euſt publicquement
Sacrifié à ſes dieux hautement
Pour eſtre ouy: mais le diable aduerſaire
L'admoneſtoit touſiours de te mal faire,
De le tenter ne le laiſſoit durer
Si à ſon vouloir tu ne voulois complaire,
Que pluſieurs maux te feroit endurer.
    Quand fut entré en la Cité d'Aliſe
Il immola aux Dieux ſelon les vœux
Des Empereurs: apres ſelon ſa guiſe
Il ſouffrit donc à la mode d'entr'eux:
Trois iours apres ſe ſied publicquement
En ſon ſiege tribunal proprement
Et commanda que luy fuſſe amenee
Afin d'eſtre par luy queſtionnee.
Quand il te veid, contempla ta beauté,
De luxure en luy deſordonnee
Le diable la plus que deuant tenté.
    Adonc te diſt, fille, par amytié
Ie te prie ſacrifie à nos dieux
Car ie te voy, dequoy i'ay grand pitié

Auſſi belle que oncques homme vid des
Et ſi tu veux faire à mon vouloir(yeux
Tu en pourras de beaucoup mieux valoir:
Ie te donneray or & argent aſſez,
Threſors que i'ay en coffres entaſſez
Il eſt commun, il n'en faut plus enquerre
Qu'en vn moment tu en auras aſſez
Plus que fille qui ſoit en cette terre.

   Tu reſpondis, ton courage cognois,
Et pour bailler reſponce à ton libelle,
Baptize toy, & en ton cœur cognois
Qu'il n'eſt qu'vn Dieu, & q̃ la choſe eſt telle,
Qu'il a creé tous les eſprits du monde
Qui gardera ma penſee ſi munde
que ne pourras mon cœur admoneſter
Aux follies où me cuyde bouter
Par tes folles raiſons, & auſſi par fallace,
Car pour choſes que me puiſſe compter
Ne laiſſeray de Ieſus-Chriſt la trace.

   De conſentir à çe que tu voudras,
Touchant peché y aurois-je merite?
Mon ſainct temple iamais ne pollueras
Car au dedans y a la Marguerite
De mõ ame: mais ſçaches qu'en tout lieu
De tout mon cœur i'adore le grand Dieu
Qui a creé & Terre, & Ciel, & Mer,
C'eſt le Seigneur lequel ie veux aymer,
Sacrifice ie luy fais de mon ame;

Pour louange sur son sainct nom clamer
Gloire à luy soit en son benoist royaume.
    Olibrius criant à haute voix
Remply d'orgueil, & furieuse rage
Tu dis ainsi: & par la loy des loix
Ie te feray bien muer ton courage
Car tu seras condamnee à tourment
Ou tu auras des playes largement,
Et des peines qui te seront ameres
Si ton vouloir soudain tu ne moderes:
I'ay des bourreaux qui te estrilleront
Ton tendre corps, apres telles miseres
L'espee, le feu, si te consommeront.
    Adonc luy dis, c'est ton propre labeur
Aux Chrestiens de faire peine cruelle
Par tes tourmens tu ne peux faire pœur
Car mon ame est chose spirituelle:
On n'y sçauroit mettre goutte d'ordure
Et mon corps est terre qui bien peu dure:
Si mon ame, Dieu a voulu permettre
Eternelle, non pas chose terrestre
Mais subtille, ne baille sans tremeur
Mon pauure corps à mort, & en terre estre
Pour le sainct nom de Dieu le Createur.
    Ie regarde que le Dieu tout-puissant
A bien voulu baisser son propre fils
Qui a esté tant fort obeyssant
De souffrir mort & estre crucifix
                        B ii

Pour le salut de nous tous. Et apres
Ce propre enfant s'est allé par expres
Offrir pour nous en la Croix, c'est le point
Et pourquoy donc ne bailleray-ie point
De bon vouloir mes membres à martyre?
Ie veux souffrir comme il viendra a point
Pour le sainct nom de Iesus nostre Sire.
        Olibrius à ses tyrans à dict
Qu'on la depouille, & qu'elle soit pendue
A vn tourment, sans mettre contredict
Et de verges sans faindre, bien battue.
Lors les tyrans te vindrent à coup prendre
Et en tourmens ton corps allerent pendre:
De t'estendre chacun y prenoit peine
Tant qu'à la fin en furent hors d'aleine,
Mais ta face n'en changea point couleur,
Dieu fit pour toy que demeuras si saine
Que ne sentis aucun mal ne douleur.
        Apres cela de verges fort terribles
Fus battue par ces maudits bourreaux
Si asprement que les veines sensibles
Gettoyent le sang coulât à gràds ruisseaux,
Tes yeux leuas au ciel, disant ainsi:
Helas mon Dieu garde moy que icy
Mes ennemys ne me facent nuysance,
Ils se ryent de moy par ignorance,
Tu vois comment pour toy ie suis pendue
Puisque i'ay eu en toy mon esperance,

Preserue mōy que ne soys confōndue.
  Regarde moy, & le mal que me liure
Olibrius, aussi mes ennemys,
Ie te prie de leurs mains me deliure:
Autour de moy sont vn tas d'Asnes mis,
Qui me battent:las regarde mes playes
Lesqiles sont empreintes par grandes rayes
Ay de moy donc, mon Dieu mon Createur,
Mon doux espoux, mō Roy, mō Redēpteur
Fais moy constance & que mō mal suporté
Comme doit faire vn bon conseruateur,
C'est pour ton nō que tāt de maux ie porte.
  Apres bourreaux qui ces mots oyrent
Remplis de ire aussi fiers que lyons
S'approcherent, de rechef te battirent
Tant que de coups receuz par millions
Comme on les veoid en ta legēde escripts,
Lors arriua vn qui faisoit les cris
Publicquement, qui se print à crier
Conuertis toy, vueille au Preuost prier
Qu'il te pardonne, & sacrifie aux dieux,
Tu respondis, ie ne puis varier,
Car i'ay confort du Dieu qui fit les Cieux.
  Et pour cause que tu estois si tendre
Ta douce chair & ta delier peau
Quand on faisoit vne verge estendre,
Glayues tranchans dessus ton corps si beau,
Le sang coulloit, dont de pitié ploroyent,

B iij

Les assistans qui en ce lieu estoient
Ainsi disoient, quelle douleur tu sens?
Reigne m'amye, à ce Preuost consens,
Car ton mal vient par incredulité
Si ne le fais, il employera son sens
A te monstrer sa grande crudelité.
    Tu respondis aux peruers conseillers
Persuadeurs de mauuaises pensees
Gens obstinez, aussi durs que belliers,
Voz prieres ne seront exaucees:
Pensez vous si à present mon corps tendre
Est deschiré, l'ame veut au Ciel tendre,
Pour paruenir à Dieu qui est la nue,
Et si ie suis battue toute nue
Me cuydez vous pourtant suppediter?
Vous ne sçauriez: car ie suis maintenue
D'vn, qui me peut és Cieux faire habiter.
Ie ne suis point de ces folles meschantes,
Ie croy en Dieu qui fit le firmament
Auquel offrit plusieurs ames vagantes
Ie desire, moyenant ce tourment:
A toy preuost ie ne consentiray,
N'y à tes Dieux ie ne sacrifieray
Comme il te plaist: mais à Sathan ton pere
Va obeyr, & puis te desespere
Ie ne te crains, ie seray la plus forte
Scaches de vray que en vertu ie prospere
Car Iesus mon Dieu, tousiours me recóforte.

Lors le Preuoſt ſe veid quatre puiſſans
Nouueaux bourreaux, leſquels fit appro-
Plus enragez que lyons rauiſſans (cher.
Par qui te fit les ongles arracher
Et deſchirer ta chair de part en par :
Adonc leuas vers le Ciel ton regard
Diſant ainſi: pluſieurs chiens m'enuironnée
Qui le conſeil des mauuais y relonnent;
Regarde moy mon Dieu plein de clemence
Contre les maux & tourmés qu'ils me donét
Pour me garder donne moy patience.
Mon oraiſon puiſſe monter à toy
Et penetrant les cieux, que as voulu faire
Et que vertu puiſſe deſcendre en moy
Pour batailler contre mon aduerſaire,
Et vaincre tous ces tourmens & edicts
Pour paruenir là ſus en Paradis.
Quand les bourreaux te eurent eſcoutez
Retournerent deſchirer tes coſtez;
Olibrius voyant tirer ta peau
En eut pitié, puis ſe tourna, notez
Que ſa face couuroit de ſon manteau.
Les aſſiſtans ploroient amerement
Voyant ta chair enſi piteux arroy
Le Preuoſt dit, viença Reigne , comment?
Ie m'eſbays que n'as pitié de toy,
Voicy ta chair deſpiecce, & tes membres
Inutils: conſens & te remembres

De faire honneur à Mahon inuincible,
Si ne le fai, il seroit impossible
Que mes tourmens tu sçeusse éuiter,
Si ne me crois, à vne mort terrible
Ie te feray mener sans arrester.
  Tu respondis, il n'y a amitié
En toy maudit tyran, fol, mal-heureux
Si ie n'auoye de mon ame pitié
Ie la mettroys à mort, pourtant ie veux
Bailler ma chair pour estre à mort menee,
Afin que au Ciel mon ame coronnee,
Soit Le Preuost commanda aux tyrans
Qui là estoyent, tes deux membres tyrans
Qu'on te menast en prison tenebreuse
Par ceux qui estoient Chrestiens martyrans:
Mente y fus par façon rigoureuse.
  Quand ton pur corps en prison fut posé
Seulle tu fis ton oraison notable,
O Dieu des Dieux qui auez proposé
Vn iugement qui est inenarrable
A qui les Cieux & toute la puissance
De ce monde donne obeissance,
Ie te prie, tes yeux vers moy addresse
Seulle ie suis en tresgrande tristesse
En la prison obscure où demeure,
Où ie pleure pour mes playes sans cesse,
Lesquelles sont aussi noires que meure.
  Tu sçais cóment ie t'ay tousiours aymé,

Et

Et ay gardé ma pauure ame pour toy;
En mes tourmens, i'ay ton nom reclamé
Cóme mó Dieu, mó Seigneur, &mon Roy,
Auquel i'ay eu du tout mon esperance,
Ie t'ay porté parfaicte obeyssance,
Tu es celuy que ie prie & saluë
Tu es seul Dieu tout puissant, plein de va-
Benoist Iesus, natif de Galilee   (leur
Point ne permets que ie soys polluë,
Mon ame aussi ne soit point maculee.
    Theophilus lequel te nourrissoit
De pain & d'eauë, estoit hors la prison
Aux fenestres, lequel te benissoit
En escoutant ta deuote oraison.
Vn pigeon blanc lors à toy s'apparut
Sur vne croix qui esleuee fut
Touchant au ciel, & l'autre bout en terre:
Lors le pigeon, sur la Croix tenant serre,
Te salua, & te dist tes miseres
La couronne tu as voulu acquerre
En Paradis seras auec tes Peres.
    Tu respondis toute determinee
De bien garder la Chrestienne Loy.
O Iesus-Christ, gloire te soit doanee
Quand apparoir as voulu deuers moy
En la bataille, afin de confirmer
Ce que Iuifs ne sçauroient confirmer,
Loüange à toy qui as voulu permettre
                    C

Dessus les eaues, toute la terre mettre,
Ie te prie que du sainct lauement
Pur, immortel, lauce ie puisse estre
Pour paruenir en fin à sauuement.
   Olibrius faux traistre, chien, matin,
Par ses bourreaux, ainsi qu'il est notoire,
Te fit tirer de prison au matin,
Et te mener deuant luy au Pretoire:
Mais en entrant (comme nous met l'escrit)
Tu te signas du signe IesusChrist:
Et là estoient de toute la cité,
Gens assemblez, pour veoir l'aduersité
Que procuroit contre toy le Preuost,
Plein de fureur & de crudelité,
Quand il te veid, adonc te dist ces mots.
   Viença Reigne, mets tu à nonchaloir
Mes puissances & tourmens inhumains?
Ie te prie, consens à mon vouloir
Et sacrifie aux Dieux, leue tes mains,
Requiers pardon, mieux te prédra en sóme
Que à pucelle qui soit iusques à Rome.
Tu respondis pour ce noble salut
Des Chrestiens, sois tout resolu
Qu'il leur cóuient seruir Dieu sás friuolles
Des Prophetes estre amy, & conclut,
Non pas l'amy aux vanitez folles.
Lors le Preuost en gráds chaines pendátes
Te fit souffrir autres peints nouuelles

Mettre te fit grandes lampes ardentes
A tes costez, & dessoubz tes esselles,
Et en bruslant ton corps en plusieurs lieux
Deuers le Ciel allas leuer tes yeux,
Et dis mon Dieu tu m'as oingsdes reins
On n'a trouué peché sur moy; au moins
Si par le feu & par l'eaue i'ay passé
Ie suis nette pour estre auec les Saincts.
A ces mots les bourreaux ont peu cessé
    Olibrius dit, ie m'esbahis tres-fort
De ton Iesus, où te glorifie,
Si euiter veux le passage de mort
Consens à moy, & aux dieux sacrifie
Ne cuides point par tes folles erreurs,
Suppediter les Loix dés Empereurs
Et le vouloir de noz dieux; c'est le poinct,
Ce que tu dis ne consentira y point
Ne soye plus donc vers moy solliciteur,
Car le diable ne surmontera point
La pucelle chaste du Redempteur.
    Car mon Dieu à signé & retenu
Tous mes membres pour seruir à son vueil,
Quand le Preuost eut ce mot entendu
Cuyda creuer de despit & d'orgueil
Et commanda que fusse desliee
De ce tourment où tu estois liee;
Quand ce fut faict il dist à vn bourreau
Qu'il ap portast plein vn vaisseau d'eau.

C ij

Lyer te fit pieds & mains, douce Saincte,
Puis te fit mettre au fons d'vn grand tóneau
A celle fin que fusses là esteincte.
    En te prenant & liant derechef
Tu feis à Dieu l'oraison cy escripte
Quand vers les Cieux voulus leuer ton chef
Tu dis, mon Dieu qui aux Cieux habite,
Romps mes liens que sacrifice face
De l'Hostie, de louange à ta face:
Ceste eaue me soit, puis-que m'as inuité
Ton te douceur, toute suauité:
Permets que fort la suffocation
Pour lauement à perpetuité
De mon salut illumination.
    Vien saincte Colombe en ce lieu cy
Descendre ainsi que ton sainct Esprit
Nage sur l'eau, & me benisse aussi
En me gardant de tout mal & peril,
Moy despouiller de l'ancienne Loy
Et me vestir d'esperance & de Foy,
Le vestement de nostre Loy nouuelle
Ma foy conferme, mon sens clarifie
Pour te louer à la vie eternelle,
Car tu es Dieu où ie me glorifie.
    En substance ton oraison fut telle
Que deuant Dieu elle fut acceptee
Quand tu euz dict (glorieuse pucelle)

En vn vaiſſeau plain d'eaue tu fus boutee
Adonc la terre trembla eñ pluſieurs lieux,
Et deſcendit vne Colombe des Cieux
Tenant vne couronne de Rameaux
Dedans ſon bec: en apres les cordeaux
Dont lyee tu eſtois en lieu
Se romperent & furent par bandeaux
Et deſſus l'eaue montas en louans Dieu.
    Diſant, mon Dieu tu es veſtu de force
Puis qu'en toy me ſuis du tout fiee,
Ie ne trouue nul tyran qui m'efforce,
De ton honneur tu m'as glorifiee
Tu as ſauué & aydé à ton ancelle
Pitié as eu d'vne pauure pucelle:
Qui eſt celle qui veut garder tes loix.
La Colombe diſt à haute voix
Vien ça Reigne, & retiens ces mots
Que tu ſeras logee à ceſte fois
Au tabernacle, où eſt paix & repos.
    Tu es beneiſte: car tu as icy veu
La couronne dont ſeras couronnee
Il appert bien que par l'eaue & le feu
Tu as eſte aſſez examinee.
Et à l'heure pour mieux ſauuer leurs ames
Huict cens & cinq, tant hómes cóme fémes
Creurét en Dieu pour leurs pechez purger:
Quand Chreſtiens vid en telle aſſemblee,

C iij

Il commanda pour ta fin abbreger,
Qu'on te menaft pour eftre decollee.
   Menee fus, comme il eft recité,
En verité mout angoiffeufement
Par les bourreaux, & dehors la Cité
Sans equité a ton dernier tourment
Pour fouffrir mort, euz la tefte couppee
Quand au bourreau tu vidz tirer l'efpee,
Tu le prias en grande reuerence
Qu'il euft encore vn peu de patience
Tant que tu euffes dict à tes freres à Dieu
Et à tes fœurs, qui en grande affluence
Regardoient ton martyre en ce lieu.
   Et quand tu vidz la grande multitude,
Tu recitas des parolles mout belles,
Difant ainfi fans point d'ingratitude,
Freres & Sœurs, & vous ieunes pucelles,
Mes compagnes ie vous prie & reclame
Que vous faciez memoire de mon ame,
A celle fin que ie paffe fans crainte
Le pas de mort, là où ie fuis contraincte
De receuoir en ce lieu à genoux,
Et que ie puiffe eftre de mon fang taincte
Pour mó baptefme, & ie prieray pour vo°.
   Ie prie à Dieu qu'en œuure meritoire
Puiffiez viure par efperance en grace
Tant que foyez poffeffeurs de fa gloire
Et fi pechez auez, qui les efface

De sa clarté, vous puisse enluminer:
De sa face, & vertu vous donner,
Luy plaise aussi que à petition
De voftre cœur par exaltation
Au lieu où n'a, fors que les bons fans plus
Bien confommer, & fans confufion
Eftre auec eux lefquels il a efleuz.
        Olibrius qui martyre: tire
Mes doux membres, & en oppreffe: preffe,
Tu es Preuoft de cefte Empire: pire
Que n'eft vn chié: Dieu m'é addreffe: dreffe
Et me apprefte fon beau Paradis: dicts
Repliquer veux les maudits: dits
Par menaffes, par coniurer: iurer
Tu me feras par endurer: durer
Il ne faut point te dire combien: bien
Me cuyde tu par martyrer: tirer,
Ie te prie la foy de Chreftien: tien.
    Pour entédre de Dieu les parfaicts: faicts:
Point n'as eu ta confcience: fcience
Pour les fçauoir cóme il faut à iamais: mais
Il y a trop de difference: en ce,
Tu parle comme vn perfonnage: nage
Ie veux mettre fur ton langage: gage
Tu veux eftre fol, mal'heureux: heureux,
Ainfi qu'ont veu en beaucoup de lieux:
Au téps de Cayn, qui tua Abel: bel (lieux
Dieu eternel fit les gracieux: Cieux,

Ton Dieu Mahon pas n'eſt immortel: tel.
         Tu es icy en me priant: riant
Cómme celuy qui ſon cœur pourrit:rit,
Pitié de moy n'as martyrant: tirant,
Pour la cauſe ton eſprit: perit,
Sur moy liure guerre mortelle: telle
Cóme tu veux,ie ſuis ancelle: celle(moins,
Qui ne crains point tourmens inhumains:
De ton cóſeil, vay pour-voir:voir (maints
Et Ieſus-Chriſt pluſtoſt que ſoudains:dains
Ie te feray en brief téps pour-voir: voir.
         Ie remercie Dieu le Roy des Roys,
Lequel m'a faict eſtre du parc des Sainóts,
Gloire luy ſoit donnee en tous endroicts
Auec puiſſance au conſeil des hautains
A luy affiert toute magnificence
Loüange,honneur, puiſſance, & reuerence,
Mon Dieu tu ſçais qu'en toy me ſuis fiee
A fin d'eſtre du tout gloirifiee
Cómme tu es, auquel ie me reclame
Garde que choſe ne ſoit purifiee
Et à preſent vueille ſauuer mon ame.
         Lors le bourreau va prendre ſon eſpee
Et ſur ton col alla frapper tout franc
Vn ſi grand coup que euz la teſte couppee,
Parquoy on croit que tu fus en ton ſang
Baptiſee: adonc les Anges vindrent
                                        Et

Et ton ame deuant le monde prindrent
Qui fut portee & mise en Paradis,
En louaüt Dieu chantans motets & ditz,
Ce fut le iour septiesme de Septembre
Que delaissas ce siecle au temps jadis,
De ce dict iour que chascun se remembre.
    Il faut noter que quand on te ha
Pour ce grand coup d'espee reçeuoir
Que la pierre dure s'humilia
Soubz tes genoux, & comme chascun peut
Euidemment, & aussi de rechef   (veoir
D'vn lieu aupres où tresbucha ton chef
Il en sortit vne belle fontaine,
Bonne, claire, douce, nette, & tres-saine,
Où arriuent gens en toute saison
Qui en boyuen t, & la chose est certaine
Que de leurs maux il trouuent guarison.
    Chascun y vien t comme à vne escolle
Et mesmement ceux qui sont entachez
De la grosse & mauuaise verolle
Qu'on dict de Naples, ils en sont despechez
Par ton moyen douce Vierge benigne
On est guary de l'ordure & vermine,
C'est bien raison que par deuotion
Te soit donnee aucune oblation,
En visitant tes nobles habitacles
Là où tu fais sans comparaison
De iour en iour tres-euidens miracles.

D

Miracles grands de iour en iour tu fais,
Tu as guary ladres, pourris, meseaux
Boiteux, muets, aueugles, contrefaicts,
Parquoy le monde y accourt par môceaux
En la fontaine on y trouue santé,
Saincte Reigne par ta digne bonté
Tô doux espoux Iesus Christ pour moy prie
Lequel est fils de la Vierge Marie
Quand il tiendra son terrible examen
Que mon ame ne puisse estre perie
Mais presentee en Paradis. Amen.

Antienne de saincte Reigne Vierge & martyre.

SAincte Reigne qui es en verité
Pour malades parfaicte medecine,
Noble dame pleine d'humilité,
Ie viens à toy, mon vouloir se encline
De te seruir, qui suis pecheur indigne
De te prier, mais par benignité
Puis que assiste deuant la Trinité,
Par ton merite, & par ta passion
Preserue moy de toute aduersité.
Et qu'en la fin, quand ie seray cité
Au iugement, i'aye remission.

Verset. La Colombe du ciel fut en prison,
Respons. Te visiter, quand feis ceste oraison.

Oraison.

DIeu tout-puissant qui as permis
Le corps saincte Reigne estre mis

Par Olibrius à tourment
Pour mettre à fauuement
Auec les bons en Paradis:
Permettez que fes faicts & fes dicts,
Comme nous voyons par l'exemple
De fa paffion qui eft ample
Nous puiffions imiter ardemment
Pour regner perdurablement
Et eftre auec toy in cælum,
Per Chriftum dominum noftrum. Amen.

INeftimable noble Dame
En qui n'a tache ne vitupere,
Humble efpoufe de corps & d'ame
A Iefus fils de Dieu le pere:
Noble ancelle foyez ma mere
Nul blafme n'as, ne immunde,
Et là où eft douleur amere,
Saincte Reigne tu laue & munde:
Pourtant vierge pucelle & munde
Ie prie à Dieu m'ofter ces lacs,
Que la chair, le diable & le monde
Vont fur moy mettre, dont ie fuis las
Eternelle ioye & foulas
Là fus il donne à fes fuppofts
Ie viens à toy criant helas
N'efperant que d'auoir repos.
     Amen.

Le nom de l'autheur, s'il vous plaist
Qui la Legende a faict par mettres,
Trouuerez par ce grand couplet
En prenant les premieres lettres.

S'ENSVIT VN MIRACLE

DE MADAME SAINCTE REIGNE,
faict le troisiesme iour de May. Mil cinq
cens soixante & dix-huict, en sa chappelle pres Alise, par le rapport & certifi-
cat du Vicaire du lieu, & de plusieurs
personnes qui l'ont veu.

COmme ainsi soit, que suiuãt l'ex-
hortation que nous en faict l'es-
cripture saincte, signamment le
Psalmiste & Prophete Royal Da-
uid, nous deuons & sommes tenuz de loüer
nostre Dieu & souuerain Createur en ses
Saincts & Sainctes, tãt pour les rares & singu-
lieres vertus qui reluisoient en eux, lors
qu'ils estoiét en ce móde, que par les miracles excellens qu'il opere par iceux à l'en-
droit de nous ses creatures, qui humblement en noz necessitez les inuoquons, il

ne nous faut taire auiourd'huy pour la
louange d'iceluy Seigneur & Createur, ce
Miracle faict par Madame saincte Reigne,
vierge & martyre, outre infinis & sans nõ-
bre que sentent & experimentent iournel-
lement tous bons pelerins, qui auec bonne
& feruente deuotion visitent le lieu, où est
bastie & construicte à son honneur, vne
Chappelle appellee Saincte Reigne , de
quelque infirmité & maladie que puissent
estre detenuz lesdicts pelerins, lequel miracle (pour le faire court) est aduenu
comme il s'ensuit.

Le Ieudy premier iour de May , Mil
cinq cens soixante dix-neuf, comme vn
nommé Lazare Genet, fils de Iean Genet
& Marguerite Dauphine sa femme de
Vezelet, s'estoient tous deux par deuotion
(qu'ils auoient à la Vierge) acheminé en
ce lieu, aduint que ladite femme accoucha
d'vn enfant, priué totallement de ceste vie
commune, lesquels pere & mere furent
contraincts ce mesme iour l'enterrer en-
uiron les dix & vnze heures du soir entre
deux pilliers par dehors ladicte Chapelle,
sans qu'il eust monstré aucun signe de vie
ny par consequent, receu le sainct Sacre-
ment de Baptesme. Quoy voyant & sça-

chans les autres pelerins, qui là eſtoient le Samedy enſuiuant, furent d'opinion le faire de-terrer, diſant qu'il n'eſtoit digne d'eſtre inhumé en tel lieu, lequel petit enfant eſtant hors de terre, fut trouué auſſi vermeil comme venant de naiſtre. Si le prindrét & le mirent ſur l'Autel de la chapelle, ſur lequel il monſtra les ſignes de vie: ſçauoir eſt, qu'il ietta quelque goutte de ſang par les narines: leua vn bras ſur la poitrine: ouurit les yeux puis les referma, & aſpira par pluſieurs fois: Leſquels ſignes quand le Vicaire eut apperçeu & tous les aſſiſtans, Baptiſa ledit enfant, qui eſtoit fille, & fut nommee Philippe, du nom de ſon parain, Philippe du cheſne, de Nangy en Brye, & de ſes maraines, Prudence de Veronie, & Iacqueline Pore, de haute ville pres Sainct Didier.

Ce miracle fut veu & cogneu de pluſieurs notables perſonnes, tant du village d'Aliſe que de venerable & diſcrette perſonne Meſſire Bernard Porcelet, Preſtre de Greſigny, & de pluſieurs autres pelerins: Lequel miracle eſtre ainſi aduenu, certifie à tous, Pierre Hon, Vicaire & Chappellain de ladicte Chappelle.

QVATRAIN.

Dieu tout-puissant seigneur, qui veux estre loué
en tes bien-heureux saincts & sainctes que
*   i'honnore,*
Humblement ie te prie par teste ey qu'encore
Des tiens teusieurs ie soye, & d'iceux aduoue.

Oraison de Madame Saincte Reigne.

A Toy Reigne vierge tres-digne
Amie de Dieu le Createur,
Humble pelerin pauure indigne
De tous autres plus grand pecheur
Affin que ie puisse estre pur,
Et laué d'offence mondaine
Suis venu à cette fontaine.
     Vray est selon saincte escripture
Nourrie fus en ce finage,
Et dés quinze ans tu mis ta cure
A Dieu seruir de bon courage
Tu renonças auoir lignage
Pour ensuiuir la vie hautaine
Dont est sortie ceste fontaine.
     Tu souffris dedans la cité
D'Alise, plusieurs grands martyres,
Dieu ton martyre a visité
Sans vouloir auoir autres myrrhes,

Payens qu'oncques n'en fut de pires
Defcendant de cefte montaigne,
T'ont trainee en cefte fontaine.
    Où cefte fontaine eft fourduë
Vierge tu y fus decollee,
A Iefus icy t'es renduë
Qui ta priere a exaucee,
Et apres que tu fus trefpaffee,
Par miracle, chofe certaine
Ton fang rendit cefte fontaine.
    Fontaine d'eaue miraculeufe
Laue moy dedans & dehors,
Et par toy Vierge bien-heureufe
Maintiens la fanté de mon corps
Et quand du monde feray hors
Conduis mon ame en la montaigne
Où eft l'autheur de ta fontaine.
    Bon Dieu, efpoux de faincte Reigne,
Fais que auec elle ie regne,
Appaife en moy la foif mondaine
Par vertu de cefte fontaine.
    Vous qui venez à la fontaine,
Saincte Reigne decollee icy,
Pardons gaignez, deux quarantaines,
Par vertu de cefte fontaine
En mettant voftre aumofne icy.

antienne

BEatissimæ Reginæ Martyris animam cunctis intuentibus angeli susceperunt, glorificantes & laudantes Deum, qui est mirabilis in Sanctis suis. *Versus.* Ora pro nobis beata Regina. *Responsorium.* Vt digni efficiamur promissionibus Christi. Domine exaudi orationem meam. Et clamor meus ad te veniat. Oremus. OMnipotens sempiterne Deus, qui nobis beatæ Reginæ virginis & Martyris tuæ, confessione inclyta circundas & protegis, præsta nobis eius imitatione proficere & oratione muniri, vt ipsius semper adiuuemur meritis, cum beatissimis irradiamur exemplis. Per dominum nostrum Iesum Christum filium tuum. Qui tecum viuit & regnat in vnitate Spiritus sancti deus. Per omnia sæcula sæculorum. Amen.

La Feste de Madame saincte Reigne
est tousiours la vigile de la Natiuité
nostre Dame de Septembre. Et la
Dedicace le quatorziesme iour
du moys de Iuillet.

LA MESSE

DV IOVR ET FESTE
de Madame Saincte Reigne
Vierge & Martyre.

INTROITVS.

 Audeamus omnes in Domino,
diem festum celebrantes sub
honore Sanctæ Reginæ Marty-
ris, de cuius passione gaudent
Angeli, & collaudant filium Dei. *Psalmus.*
Eructauit cor meum verbum bonum:
Dico ego opera mea Regi.   *Versus.*
Gloria patri & filio: & spiritui sancto.
Sicut erat in principio & nunc & semper:
& in sæcula sæculorum. Amen.
Gaudeamus omnes in domino. & c.

ALIVS INTROITVS.

 Ilexisti iustitiam, & odisti ini-
quitatem : propterea vnxit te
Deus Deus tuus, oleo lætitiæ
præ consortibus tuis. *Psalmus.*

E ii

Eructauit cor meum verbum bonum:
Dico ego opera mea regi. Gloria patri &
filio & spiritui sancto. Sicut erat in principio & nunc & semper:& in sæcula sæculorum. Amen. kyrie eleyson. Christe eleyson.
kyrie eleyson. Gloria in excelsis Deo. &c.

colleĉta.

OMnipotens sempiterne Deus qui nos
O beatæ Reginæ virginis & Martyris
tuæ confessione inclyta circundas & protegis, præsta nobis eius imitatione proficere & oratione muniri, vt ipsius semper
adiuuemur meritis, cuius beatitudinis irradiamur exemplis. Per dominum nostrum
Iesum Christum filium tuum, Qui tecum
viuit & regnat in vnitate Spiritus sancti
Deus. Per omnia sæcula sæculorum. Amen.

Lectio Isayæ prophetæ.

Omine deus meus honorifica-
bo te , & laudem tribuam nomini tuo. Qui facis mirabiles
res, consilium tuum antiquum
verum fiat, domine excelsum est brachium
tuum deus sabaoth corona spei,quæ orna-
ta est gloria. Exultet desertum & exultent
solitudines Iordanis, & populus meus vi-
debit altitudinem domini & maiestatem dei.
Et erit congregatus & redemptus per eum.

Et veniet in Sion cum lætitia, &lætitia sem-
piterna super caput eius, laus & exultatio.
Et aperiam in montibus flumina, in me-
dijs campis fontes disrumpam, & terram
sitientem sine aqua infundam. Ecce puer
meus exaltabitur & eleuabitur, & subli-
mis erit valde. Haurietis aquas in gaudio
de fontibus Saluatoris, & dicetis in illa die.
Confitemini Domino: & inuocate nomen
eius, notas facite in populis virtutes eius.
Cantate Domino, quia mirabilia fecit, an-
nunciate hæc in vniuersa terra, dixit do-
minus omnipotens.   *Responsorium.*
Benedicta & venerabilis es virgo Regina,
quæ mundum Christo thalamum præpa-
rasti tuo Saluatori   *Versus.*
Virgo sponsi cælestis sponsa nostra, tu clemens Regina, tuorum suscipe precamina.
Alleluya.   *Versus.*
Veni electa mea, & ponam te in thronum
meum, quia concupiuit rex speciem tuam.
              Tempore Paschali.
       Alleluya.   *Versus.*
Angelus Domini descendit de cælo, & ac-
cedens reuoluit lapidem, & sedebat super
eum.   *Versus.*
Respondens autem angelus dixit mulieri-
bus: quem quæritis? illæ autem dixerunt,
              E iij

Iesum Nazarenum.

Tractus.

Qui seminant in lachrimis, in gaudio metent. Euntes ibant & flebant: mittentes semina sua. Venientes autem venient cum exultatione, portantes manipulos suos.

Prosa de sancta Regina.

Audes promat noster cecus Christo voce, corde lætus, hac die laudabili.

Quæ regina reddit gratum, & hunc locum consecratum, dicat gleba nobili.

Huius pater dictus clemens, ob occultum factus demens, natam odit vnicam.

Iam facta Deo grata, fama patrum excitata, vitam cupit cælicam.

Persecutor sit immanis Olibrius hærens vanis, dans omnibus Christianis progressus Marsilia.

Simplex, innocens viuebat, hunc regina nam pascebat, gregem suæ quam colebat nutricis vt filia.

Sedens curru dum vehitur, perfectus videt virginem, miratur pulchritudinem. si sit libera quæritur, vxor sibi promittitur.

Dum virgo comprehenditur, vltorem

Chriſtum inuocat, & in ipſum ſpem collo-
cat, chriſtiana cognoſcitur.

Hunc perfectus iraſcitur, quærit genus
nomen cultum, & verborum dat inſiſtum
Olibrius virgini.

Verbum virgo reddit verbo, mitis cer-
cat cum ſuperbo, armata ſpe domini.

Poſt tres dies audienda, incedat punien-
da, virgo datur carceri.

Iterator præſentatur, hanc demulcet,
póſt minatur, hanc tormentis conteri.

Preces, minas virgo ſpernit, vt inuictam
neq uam cernit, hanc eculeo decernit, truſ-
ſam virgis cedere.

Sed nec virgo ſic conſenſit, ictus, pla-
gas neque ſenſit, vngularum vim contem-
pſit, demum clauſa carcere.

Orans illic viſitatur, à columba liberatur,
paradiſo præſentatur, cum corona gloriæ.

Vaſe pleno colligatur, à colūba liberatur,
ſed poſt nexū decolatur, principis nequitiæ.

O regina flagrās roſa, nomine te gratioſa
euius mors eſt preci oſa, in cóſpectu domini.

Regnans cum ſuperno rege, roſa regem
gregem rege: vt adiuncto ſanctis grege,
rem adeptes nomini. Amen.

Sequentia ſancti Euangelii ſecundum
Mathæum.   Cap. xiij.

N illo tempore. Dixit Iesus dis-
cipulis suis. Simile est regnum
cœlorum thesauro abscondito
in agro, quem qui invenit ho-
mo, abscondit, & præ gaudio illius vadit &
vendit vniuersa quæ habet, & emit agrum
illum. Iterum simile est regnum homini
negotiatori quærenti bonas margaritas: in-
uenta auté vna preciosa margarita: abiit
& vendidit omnia quæ habuit & emit eam.
Iterum simile est regnum cœlorum sagenæ
missæ in maré, & ex omni genere piscium
congreganti. Quæ cū impleta esset, edu-
centes & secus littus sedentes, elegerunt
bonos in vasa sua: malos autem foras mi-
serunt. Exibunt Angeli &separabunt malos de medio iustorum: & mittent eos in
caminum ignis. Ibi erit fletus & stridor
dentium. Intellexistis hæc omnia? dicunt
ei, Etiam, Ait illis. Ideo omnis scriba do-
ctus in regno cœlorum similis est homini
patrifamilias, qui profert de thesauro suo
noua & vetera. *Offertorium.*
Offerentur regi Virgines post eam, proxi-
mæ eius afferentur tibi. *Secreta.*

HOstias Domine quas tibi offerimus
propitius suscipe : & intercedenté
beata Regina Martyre tua : vincula pec-
catorum

catorum noſtrorum abſolue.
Per Dominum noſtrum Ieſum Chriſtum
filium tuum. Qui tecum viuit & regnat in
vnitate Spiritus ſancti Deus.
Per omnia ſæcula ſæculorum. Amen.

Communio.

Diffuſa eſt gratia in labiis tuis, propterea
benedixit te Deus in æternum.

Poſtcommunio.

Benedictione diuina perpetua humili-
ter te domine deprecamur: vt interce-
dente beata Regina Virgine, Martyréque
tua : & temporalibus abundemus com-
modis, & fulciamur æternis.
Per Dominum noſtrum Ieſum Chriſtum
filium tuum. Qui tecum viuit & regnat
in vnitate ſpiritus Sancti Deus.
Per omnia ſæcula ſæc ulorum. Amen.

FIN.

F

CHANSON SPIRITVEL

LE A LA LOVANGE DE DIEV, ET DE
Madame Sainĉte REIGNE, Vierge
& Martyre.

Adame Sainĉte Reïgne
Ie suis icy venu,
Estant en si grand peine
Et de grief mal tenu.

I'ay cherché la science,
De ces chirurgiens,
Mais sans nulle allegeance,
Ils ont prins mes moyens.

Lors à toy Vierge sainĉte,
Ie me suis dedié,
Esperant par mes plainĉtes,
Obtenir ma santé.

E ij

De toy que ie reclamē
Et supplie de bon cœur,
Le profond de mon ame
A Dieu plein de douceur.

Vouloir deuant ta face
Offrir & presenter,
Affin que par sa grace
Puisse santé trouuer.

En faisant ma neuf-vaine
La Messe chacun iour,
Ouyr de cœur intime,
Faire en apres mes tours.

Trois fois dans la chappelle,
Et autant par dehors,
Auec prieres belles,
Puis allant aux ormeaux.

Tousiours te requerante

De bonne volonté
Qu'au mal qui me tourmente
Ie puiſſe auoir ſanté.

Te promettant de cœur
Et d'vne affection,
Touſiours & à toute heure,
T'offrir deuotion.

Ce fait dans ta fontaine
Claire comme Criſtal,
Me lauant ma neuf-vaine,
Net ſeray de tout mal.

Là haut ſut ces montaignes
Nous voyons des flambeaux
Auſſi pas les campaignes
Voltiger ſur les eaux.

Or puis que la cholere
De Dieu i'ay irriré,
Ie prie ſa douce Mere

Par sa diuinité.

Qui me face la grace
Que tousiours & en tout lieu
Ie puisse en toute place,
Memoire auoir de Dieu.

Madame saincte Reine,
Ie te prie & requiert,
Qu'auec moy tu vueille,
Mes vœux luy presenter.

Affin qu'à la iournee
Qu'au monde quitteray
Auec vous bien heuree
Puisse estre habitué.
                    Ainsi soit il.

FIN.